Impressum
Verlag: BABADADA GmbH, Nedderfeld 112 , 22529 Hamburg
Geschäftsführer / Verlagsleitung: Harald Hof
Druck: Books on Demand GmbH, In de Tarpen 42, 22848 Norderstedt

Imprint
Publisher: BABADADA GmbH, Nedderfeld 112 , 22529 Hamburg, Germany
Managing Director / Publishing direction: Harald Hof
Print: Books on Demand GmbH, In de Tarpen 42, 22848 Norderstedt

school
škola

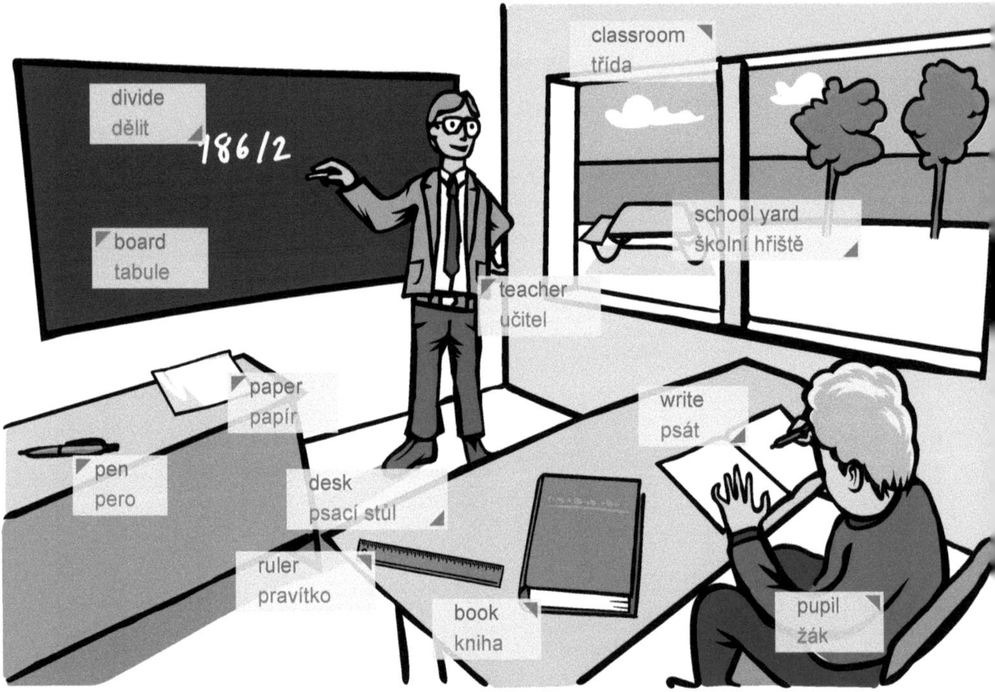

classroom
třída
divide
dělit
186/2
board
tabule
school yard
školní hřiště
teacher
učitel
paper
papír
write
psát
pen
pero
desk
psací stůl
ruler
pravítko
book
kniha
pupil
žák

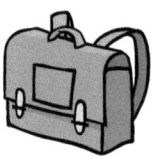

satchel
aktovka

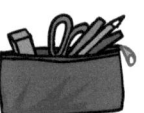

pencil case
penál

pencil
tužka

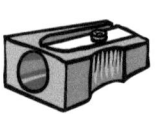

pencil sharpener
ořezávátko

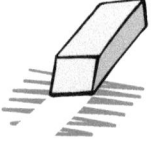

rubber
guma

drawing pad
blok na kreslení

drawing

výkres

paintbrush

štětec

paint box

malířské potřeby

scissors

nůžky

glue

lepidlo

exercise book

cvičebnice

homework

domácí úkol

number

počet

add

sčítat

subtract

odčítat

multiply

násobit

calculate

počítat

letter

písmeno

alphabet

abeceda

word

slovo

text

text

read

číst

chalk

křída

lesson

hodina

register

třídní kniha

examination

zkouška

certificate

vysvědčení

school uniform

školní uniforma

education

vzdělání

encyclopedia

encyklopedie

university

univerzita

microscope

mikroskop

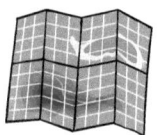

map

karta

waste-paper basket

odpadkový koš na papír

hotel
hotel

hostel
ubytovna

ROOMS

currency exchange office
směnárna

EXCHANGE

car
auto

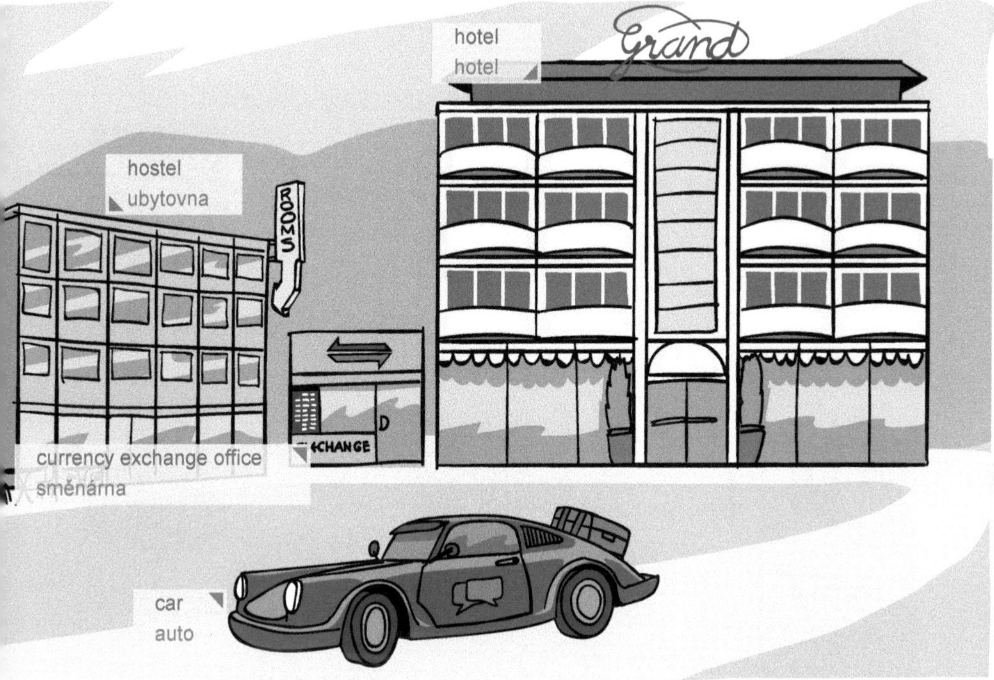

language

jazyk

yes / no

ano / ne

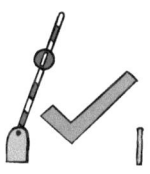

Okay

oukej

hello

Ahoj!

translator

překladatel

Thank you

děkuji

how much is...?

Kolik stojí...?

I don´t get it

nerozumím

problem

problém

Good evening!

Dobrý večer!

Good morning!

Dobré ráno!

Good night!

Dobrou noc!

goodbye

na shledanou

direction

směr

luggage

zavazadlo

bag

taška

backpack

batoh

guest

host

room

pokoj

sleeping bag

spací pytel

tent

stan

tourist information

turistické informace

beach

pláž

credit card

kreditní karta

breakfast

snídaně

lunch

oběd

dinner

večeře

Ticket

jízdenka

elevator

výtah

stamp

poštovní známka

border

hranice

customs

clo

embassy

poselství

visa

vízum

passport

pas

travel - cesta

transport

transport

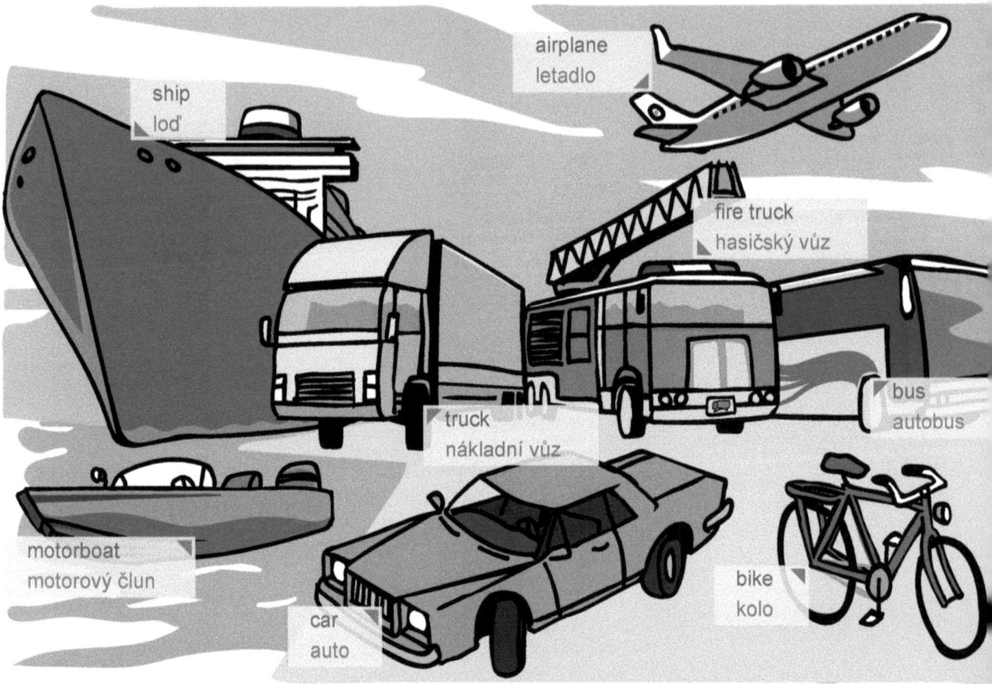
airplane
letadlo
ship
loď
fire truck
hasičský vůz
bus
autobus
truck
nákladní vůz
motorboat
motorový člun
bike
kolo
car
auto

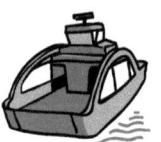

ferry
přívoz

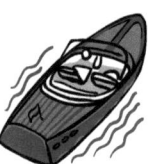

boat
člun

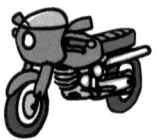

motorbike
motorka

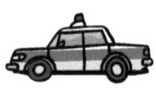

police car
policejní auto

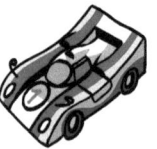

racing car
závodní auto

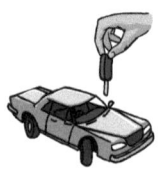

rental car
pronajaté auto

car sharing

sdílení aut

tow truck

odtahová služba

garbage truck

popelářský vůz

engine

motor

fuel

palivo

fuel station

čerpací stanice

traffic sign

dopravní značka

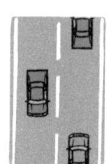

traffic

doprava

traffic jam

dopravní zácpa

parking lot

parkoviště

train station

vlakové nádraží

tracks

koleje

train

vlak

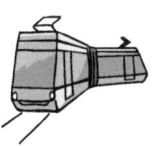

tram

tramvaj

wagon

vagón

helicopter

helikoptéra

airport

letiště

tower

věž

passenger

pasažér

container

kontejner

carton

kartón

cart

trakař

basket

koš

take off / land

vzlétnout / přistát

city

město

village

vesnice

city center

střed města

house

dům

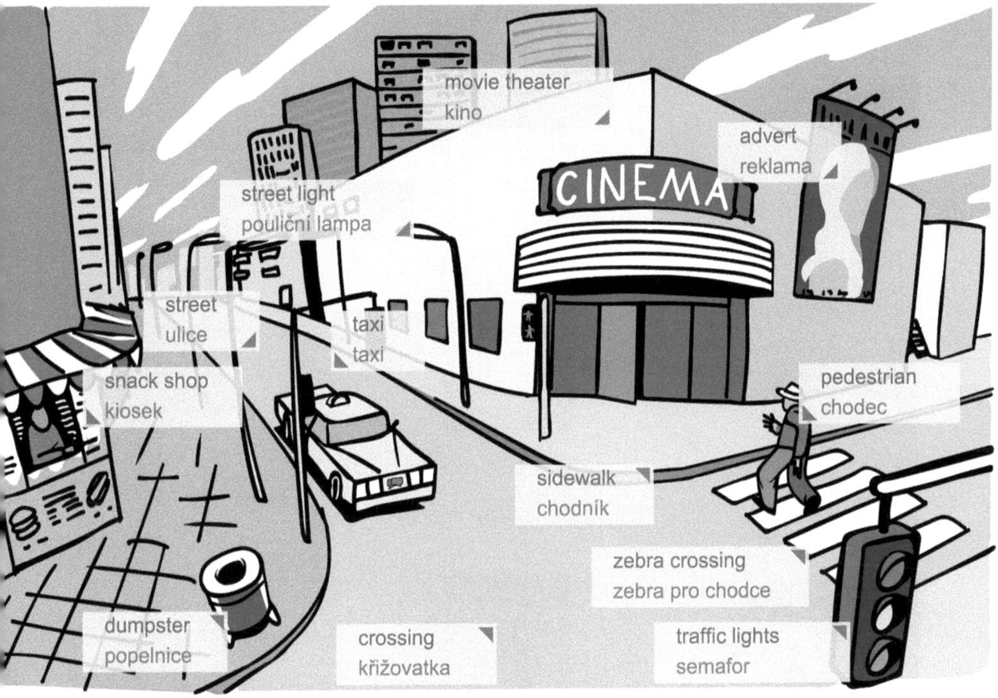

movie theater
kino

advert
reklama

street light
pouliční lampa

CINEMA

street
ulice

taxi
taxi

snack shop
kiosek

pedestrian
chodec

sidewalk
chodník

zebra crossing
zebra pro chodce

dumpster
popelnice

crossing
křižovatka

traffic lights
semafor

hut

chata

apartment

byt

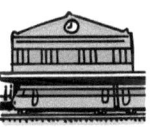

train station

vlakové nádraží

city hall

radnice

museum

muzeum

school

škola

city - město

university

univerzita

bank

banka

hospital

nemocnice

hotel

hotel

pharmacy

lékárna

office

kancelář

book shop

knihkupectví

shop

obchod

flower shop

květinářství

supermarket

supermarket

market

tržnice

department store

obchodní dům

fishmonger's shop

rybárna

mall

nákupní centrum

harbor

přístav

park

park

bench

lavička

bridge

most

stairs

schody

subway

metro

tunnel

tunel

bus stop

autobusová zastávka

bar

bar

restaurant

restaurace

postbox

poštovní schránka

street sign

pouliční tabule

parking meter

parkovací hodiny

zoo

zoo

swimming pool

plovárna

mosque

mešita

farm	pollution	cemetery
usedlost	znečišťování životního prostředí	hřbitov

church	playground	temple
církev	hřiště	chrám

landscape
krajina

signpost
rozcestník

path
cesta

meadow
louka

stone
kámen

tree
strom

hiker
turista

river
řeka

grass
tráva

flower
květina

valley

údolí

hill

hora

lake

jezero

forest

les

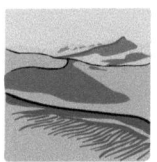

desert

poušť

volcano

sopka

castle

zámek

rainbow

duha

mushroom

houba

palm tree

palma

mosquito

komár

fly

moucha

ant

mravenec

bee

včela

spider

pavouk

beetle

brouk

frog

žába

squirrel

veverka

hedgehog

ježek

hare

zajíc

owl

sova

bird

pták

swan

labuť

boar

divoké prase

deer

jelen

moose

los

dam

přehrada

wind turbine

větrné kolo

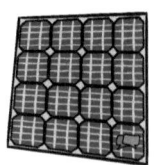

solar panel

solární panel

climate

podnebí

restaurant
restaurace

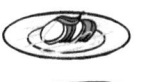

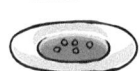

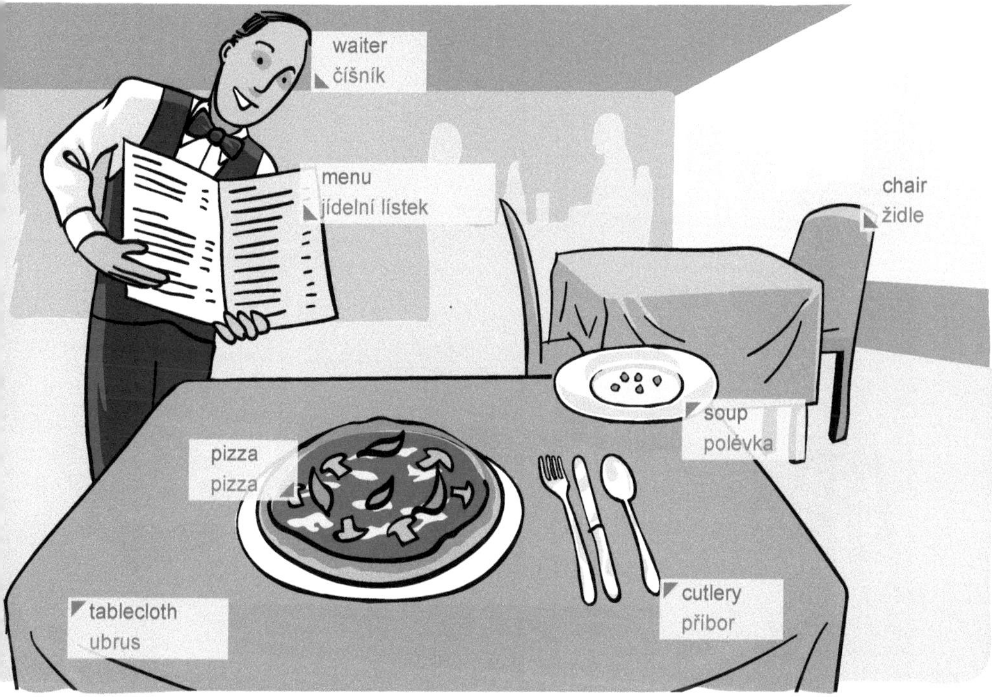

waiter
číšník
menu
jídelní lístek
chair
židle
soup
polévka
pizza
pizza
tablecloth
ubrus
cutlery
příbor

starter
....
předkrm

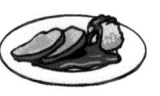

main course
....
hlavní chod

dessert
....
dezert

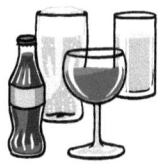

drinks
....
nápoje

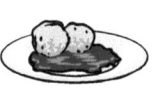

food
....
jídlo

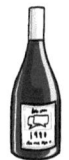

bottle
....
láhev

fast food

rychlé občerstvení

street food

pouliční občerstvení

teapot

čajová konvice

sugar bowl

cukřenka

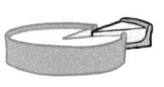

portion

porce

espresso machine

kávovar na espresso

high chair

dětská stolička

bill

faktura

tray

tác

knife

nůž

fork

vidlička

spoon

lžíce

teaspoon

čajová lyžička

serviette

ubrousek

glass

sklenička

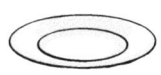

plate

talíř

soup plate

talíř na polévku

saucer

podšálek

sauce

omáčka

salt shaker

slánka

pepper mill

mlýnek na pepř

vinegar

ocet

oil

olej

spices

koření

ketchup

kečup

mustard

hořčice

mayonnaise

majonéza

supermarket

supermarket

special offer
nabídka
FOR
customer
zákazník
dairy products
mléčné výrobky
fruit
ovoce
shopping cart
nákupní vozík

BUTCHERS

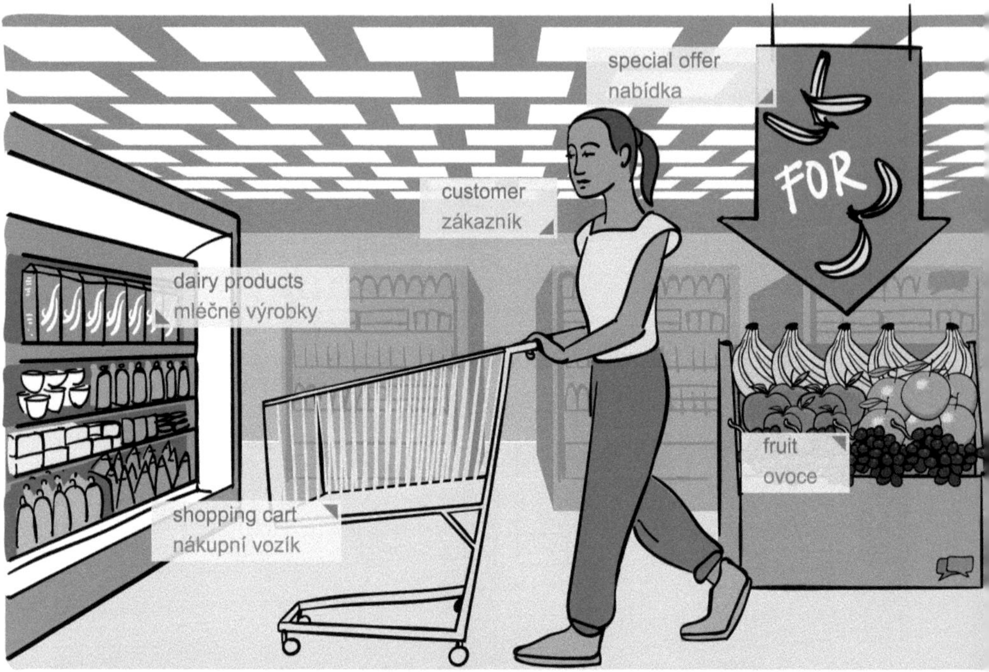

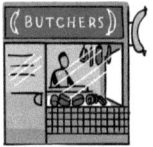

butcher's shop

masna

BAKERY

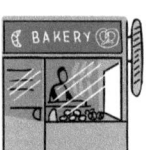

bakery

pekařství

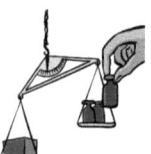

weigh

vážit

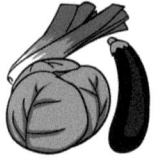

vegetables

zelenina

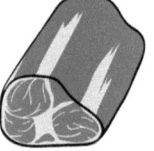

meat

maso

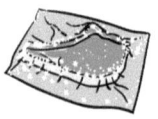

frozen food

mražené potraviny

cold cuts
obložený talíř

canned food
konzervy

detergent
prací prášek

candy
cukrovinky

household products
výrobky pro domácnost

cleaning products
čisticí prostředek

sales representative
prodavačka

cash register
pokladna

cashier
pokladní

shopping list
nákupní seznam

opening hours
otevírací doba

wallet
peněženka

credit card
kreditní karta

bag
taška

plastic bag
igelitová taška

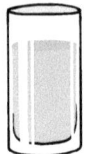

water

voda

juice

džus

milk

mléko

coke

kola

wine

víno

beer

pivo

alcohol

alkohol

cocoa

kakao

tea

čaj

coffee

káva

espresso

espresso

cappuccino

kapučíno

banana
banán

apple
jablko

orange
pomeranč

melon
meloun

lemon
citrón

carrot
mrkev

garlic
česnek

bamboo
bambus

onion
cibule

mushroom
houba

nuts
ořechy

noodles
těstoviny

spaghetti

špageti

rice

rýže

salad

salát

fries

hranolky

fried potatoes

americké brambory

pizza

pizza

hamburger

hamburger

sandwich

sendvič

escalope

řízek

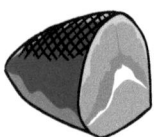

ham

šunka

salami

salám

sausage

salám

chicken

kuře

roast

pečeně

fish

ryby

porridge oats

ovesné vločky

muesli

müsli

cornflakes

vločky

flour

mouka

croissant

croissant

bread roll

houska

bread

chléb

toast

toast

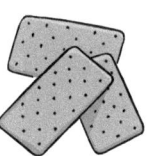

cookies

sušenky

butter

máslo

curd

tvaroh

cake

buchta

egg

vejce

fried egg

volské oko

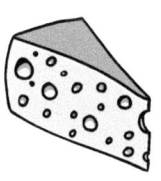

cheese

sýr

ice cream

zmrzlina

sugar

cukr

honey

med

jelly

marmeláda

nougat cream

nugátový krém

curry

kari

goat

cow

calf

koza

kráva

tele

pig

piglet

bull

prase

sele

býk

goose

husa

duck

kachna

chick

kuře

hen

slepice

cockerel

kohout

rat

krysa

cat

kočka

mouse

myš

ox

vůl

dog

pes

dog house

psí bouda

garden hose

zahradní hadice

watering can

kropicí konev

scythe

kosa

plow

pluh

sickle

srp

hoe

motyka

pitchfork

vidle

axe

sekera

pushcart

kolecko

trough

koryto

milk can

konev na mléko

sack

pytel

fence

plot

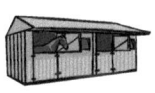

stable

stáj

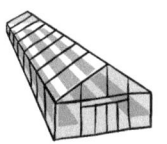

greenhouse

skleník

soil

půda

seed

osivo

fertilizer

hnojivo

combine harvester

kombajn

harvest

sklidit

harvest

sklizeň

yams

smldinec

wheat

pšenice

soya

sója

potato

brambora

corn

kukuřice

rapeseed

řepka

fruit tree

ovocný strom

manioc

maniok

grain

obilí

house
dům

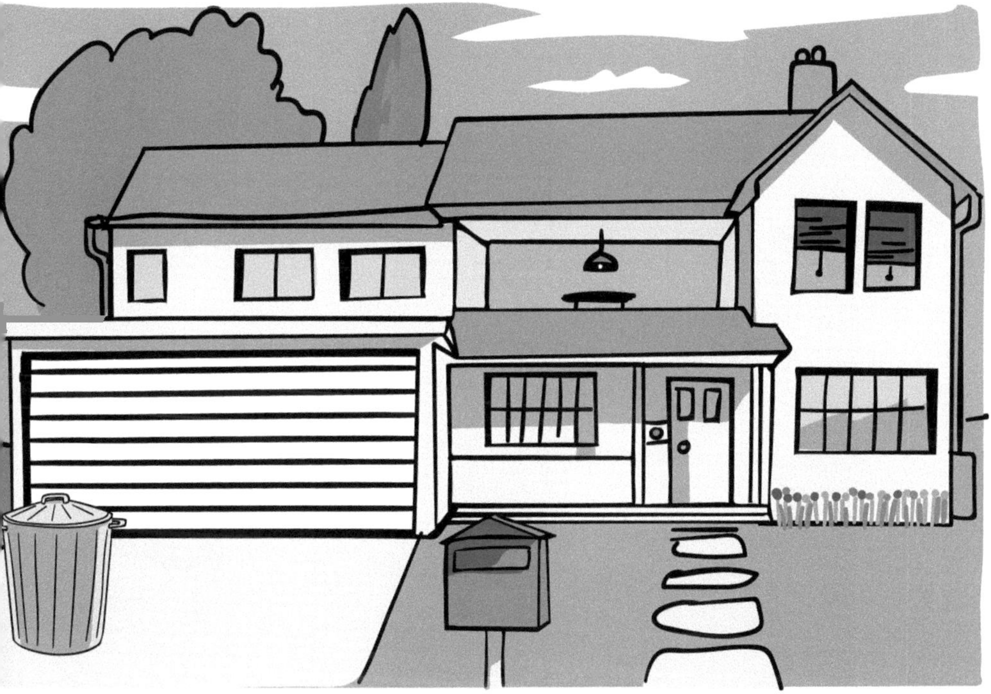

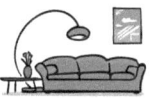

living room

obývací pokoj

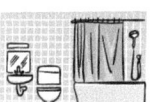

bathroom

koupelna

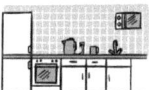

kitchen

kuchyně

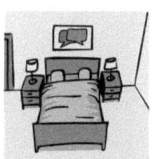

bedroom

ložnice

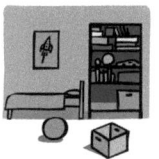

kids room

dětský pokoj

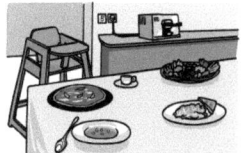

dining room

jídelna

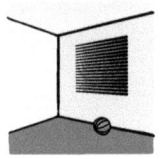

floor

podlaha

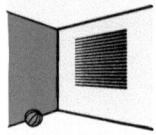

wall

zeď

ceiling

deka

cellar

sklep

sauna

sauna

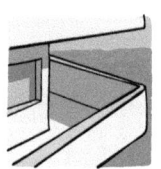

balcony

balkón

terrace

terasa

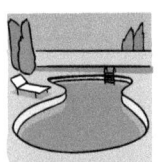

pool

bazén

lawn mower

sekačka na trávu

sheet

ložní prádlo

bedspread

lůžková přikrývka

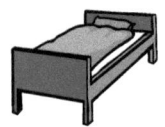

bed

postel

broom

smeták

bucket

kýbl

switch

vypínač

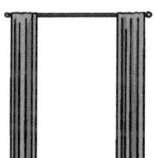

carpet	drape	table
koberec	závěs	stůl

chair	rocking chair	armchair
židle	houpací křeslo	křeslo

book

kniha

blanket

strop

decoration

ozdoba

firewood

palivové dříví

film

film

stereo system

stereo souprava

key

klíč

newspaper

noviny

painting

malba

poster

plakát

radio

rádio

notebook

poznámkový blok

vacuum cleaner

vysavač

cactus

kaktus

candle

svíce

living room - obývací pokoj

kitchen
kuchyně

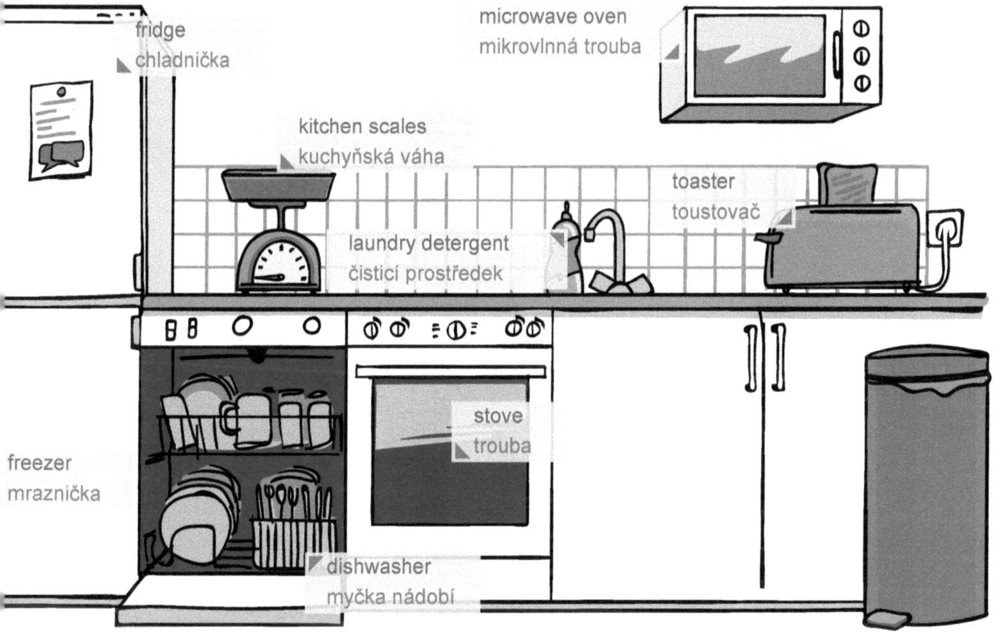

fridge
chladnička
microwave oven
mikrovlnná trouba
kitchen scales
kuchyňská váha
toaster
toustovač
laundry detergent
čisticí prostředek
stove
trouba
freezer
mraznička
dishwasher
myčka nádobí

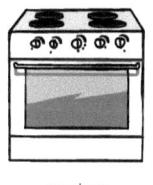

cooker
sporák

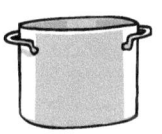

pot
hrnec

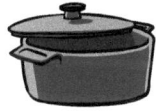

cast-iron pot
litinový hrnec

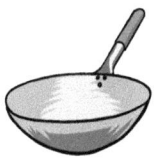

wok / kadai
wok / kadai

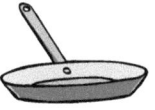

pan
pánev

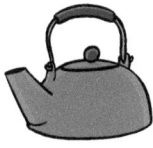

kettle
varná konvice

steamer

parní hrnec

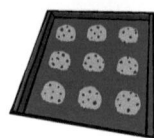

baking tray

plech na pečení

crockery

nádobí

mug

hrnek

bowl

miska

chopsticks

jídelní hůlky

ladle

naběračka

spatula

obracečka

whisk

metla

strainer

síto

sieve

cedník

grater

struhadlo

mortar

hmoždíř

barbecue

gril

fireplace

ohniště

chopping board

prkénko na krájení

rolling pin

váleček na těsto

corkscrew

vývrtka

can

dóza

can opener

otvírák na konzervy

oven cloth

chňapka

sink

umyvadlo

brush

kartáč na nádobí

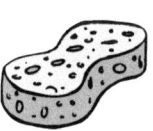

sponge

houba

blender

mixér

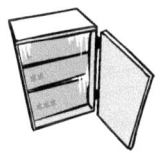

deep freezer

mrazák

baby bottle

dětská lahev

tap

kohoutek

bathroom
koupelna

heating
topení
towel
ručník
shower
sprcha
shower curtain
sprchový závěs
bubble bath
pěnová koupel
bathtub
vana
glass
sklenička
washing machine
pračka
tap
kohoutek
tiles
obkladačky
potty
nočník
sink
umyvadlo

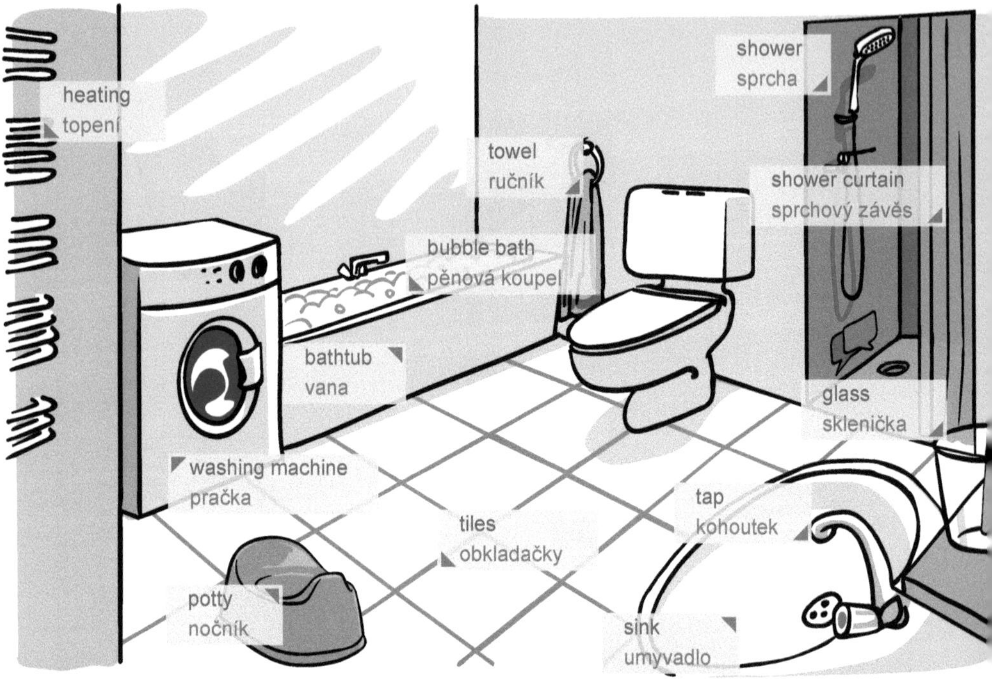

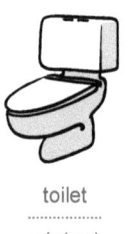

toilet

záchod

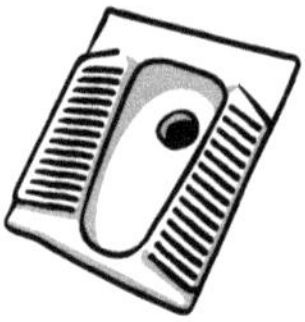

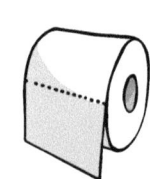

squat toilet

turecký záchod

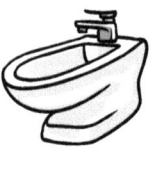

bidet

bidet

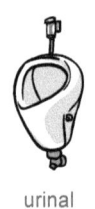

urinal

pisoár

toilet paper

toaletní papír

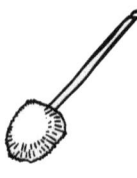

toilet brush

záchodová štětka

toothbrush

zubní kartáček

toothpaste

zubní pasta

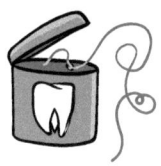

dental floss

zubní niť

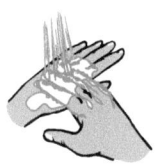

wash

mýt

hand shower

ruční sprcha

douche

intimní sprcha

basin

umyvadlo

back brush

kartáč na záda

soap

mýdlo

shower gel

sprchový gel

shampoo

šampón

flannel

žínka

drain

odpad

creme

krém

deodorant

deodorant

mirror

zrcadlo

hand mirror

kosmetické zrcátko

razor

holicí strojek

shaving foam

pěna na holení

aftershave

voda po holení

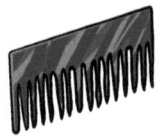

comb

hřeben

brush

kartáč

hair-dryer

fén

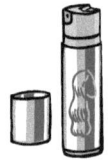

hairspray

lak na vlasy

makeup

makeup

lipstick

rtěnka

nail varnish

lak na nehty

cotton wool

vata

nail scissors

nůžky na nehty

perfume

parfém

washbag

ka s toaletními potřebami

stool

stolička

weighing scales

váha

bathrobe

župan

rubber gloves

gumové rukavice

tampon

tampón

sanitary towel

dámská vložka

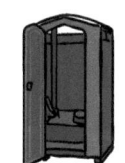

chemical toilet

chemická toaleta

kids room
dětský pokoj

alarm clock
budík
cuddly toy
plyšová hračka
toy car
autíčko
rattle
chrastítko
doll's house
domeček pro panenky
present
dárek

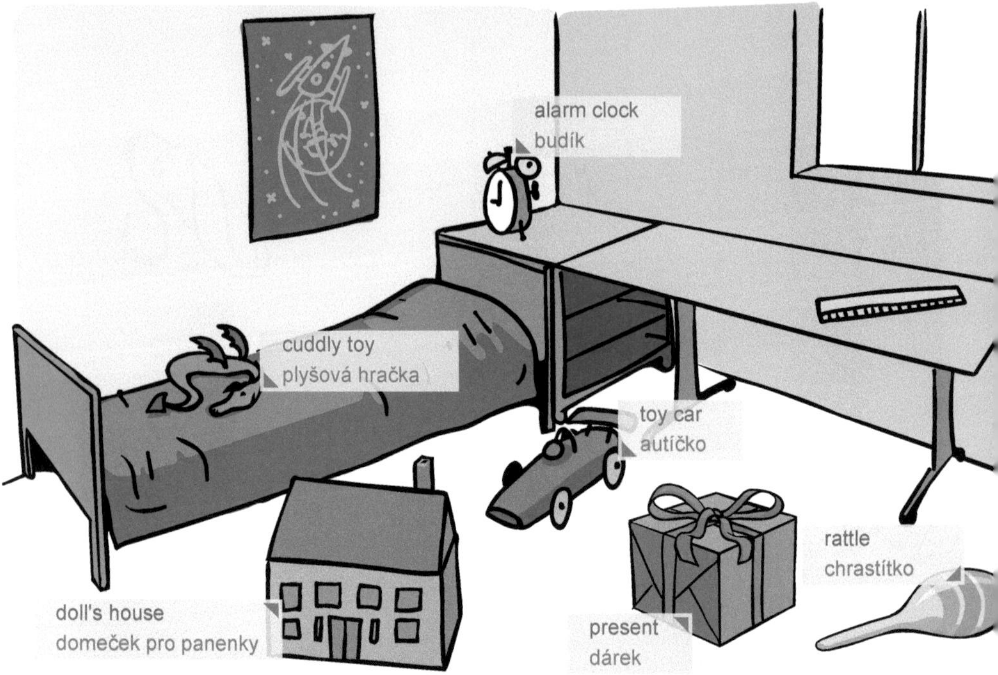

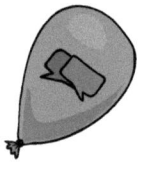

balloon

balón

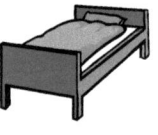

bed

postel

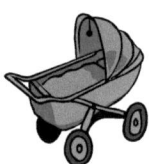

stroller

kočárek

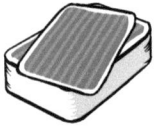

deck of cards

balíček karet

jigsaw

puzzle

SUPER MEGA

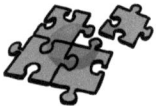

comic

komiks

lego bricks

lego kostky

toy blocks

stavebnice

action figure

akční figurka

romper suit

dupačky

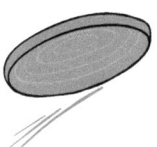

frisbee

frisbee

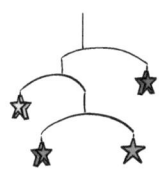

mobile

závěsné hračky nad
postýlku

board game

desková hra

dice

kostky

model train set

modelová železnice

pacifier

dudlík

party

oslava

picture book

obrázková kniha

ball

míč

doll

panenka

play

hrát si

sandpit

pískoviště

swing

houpačka

toys

hračky

video game console

hrací konzole

tricycle

tříkolka

teddy bear

medvídek

wardrobe

šatník

clothing
oblečení

socks

ponožky

stockings

punčochy

tights

punčochové kalhoty

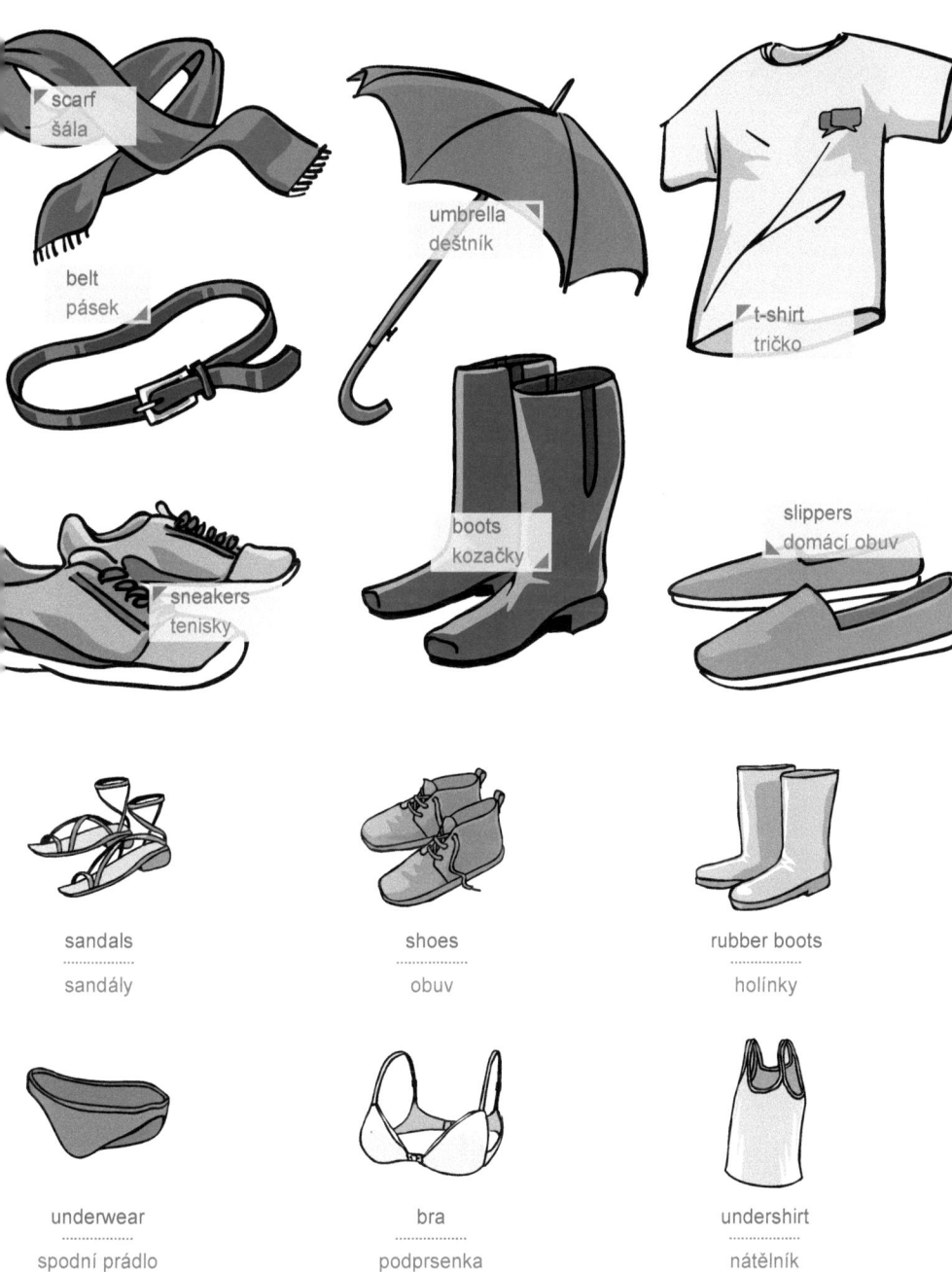

scarf
šála

umbrella
deštník

t-shirt
tričko

belt
pásek

boots
kozačky

slippers
domácí obuv

sneakers
tenisky

sandals	shoes	rubber boots
sandály	obuv	holínky

underwear	bra	undershirt
spodní prádlo	podprsenka	nátělník

body
body

pants
kalhoty

jeans
džíny

skirt
sukně

blouse
blůza

shirt
košile

pullover
svetr

sweater
mikina

blazer
blejzr

jacket
bunda

coat
kabát

raincoat
pláštěnka

costume
kostým

dress
šaty

wedding dress
svatební šaty

suit

oblek

nightgown

noční košile

pajamas

pyžamo

sari

sárí

headscarf

šátek na hlavu

turban

turban

burka

burka

kaftan

kaftan

abaya

abája

swimsuit

plavky

trunks

pánské plavky

shorts

kraťasy

tracksuit

teplákovská souprava

apron

zástěra

gloves

rukavice

button	glasses	bracelet
knoflík	brýle	náramek

necklace	ring	earring
náhrdelník	prsten	náušnice

cap	coat hanger	hat
čepice	ramínko	klobouk

tie	zip	helmet
kravata	zip	helma

braces	school uniform	uniform
kšandy	školní uniforma	uniforma

clothing - oblečení

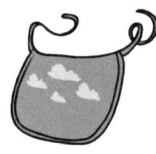

bib

bryndák

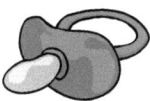

pacifier

dudlík

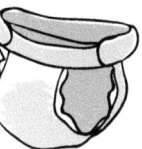

diaper

plena

office
kancelář

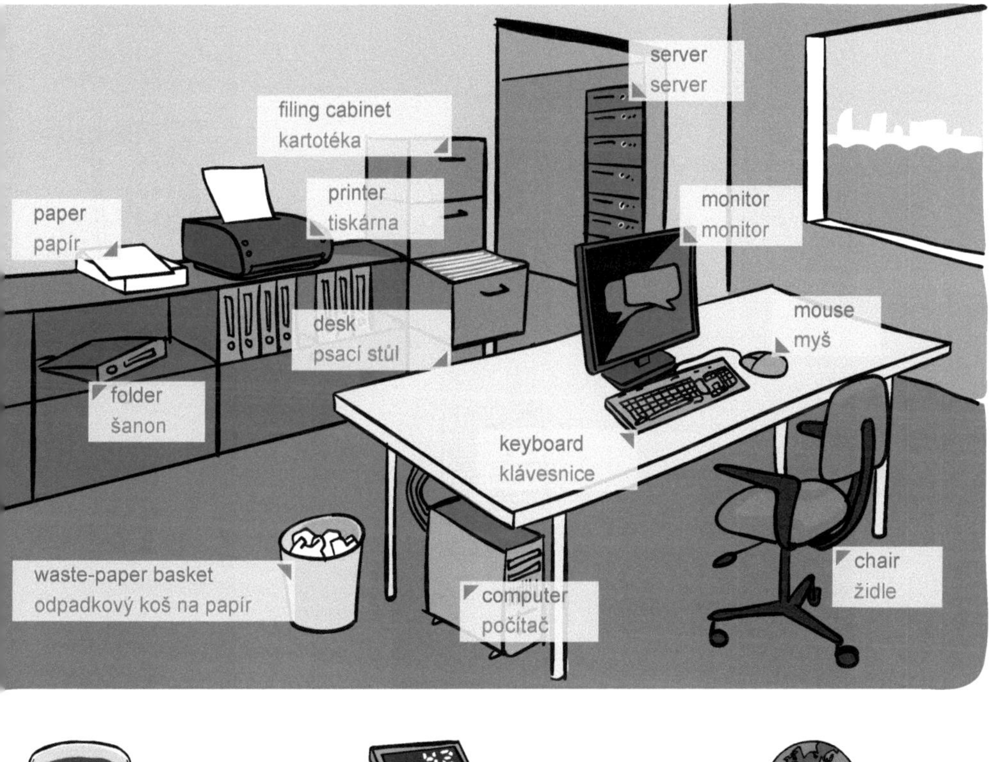
server
server
filing cabinet
kartotéka
printer
tiskárna
paper
papír
monitor
monitor
mouse
myš
desk
psací stůl
folder
šanon
keyboard
klávesnice
waste-paper basket
odpadkový koš na papír
computer
počítač
chair
židle

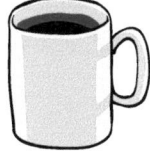

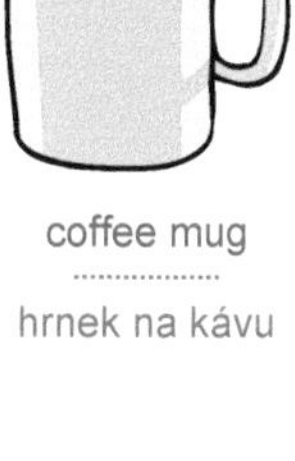

coffee mug

hrnek na kávu

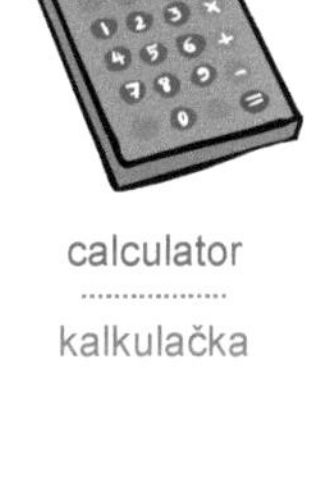

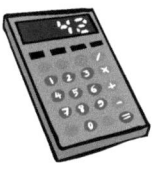

calculator

kalkulačka

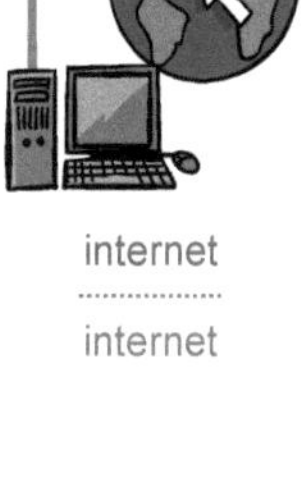

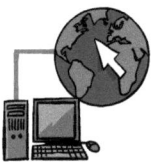

internet

internet

laptop
notebook

letter
dopis

message
zpráva

cell phone
mobil

network
síť

photocopier
kopírka

software
software

telephone
telefon

plug socket
zásuvka

fax machine
fax

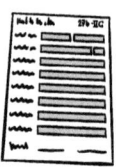

form
formulář

document
dokument

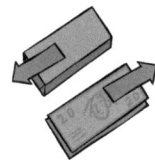

buy

nakupovat

pay

zaplatit

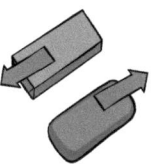

trade

jednat

money

peníze

USD

dollar

dolar

EUR

euro

euro

JPY

yen

jen

RUB

rouble

rubl

CHF

Swiss franc

frank

CNY

renminbi yuan

juan

INR

rupee

rupie

cash point

bankomat

currency exchange office

směnárna

gold

zlato

silver

stříbro

oil

olej

energy

energie

price

cena

contract

smlouva

tax

daň

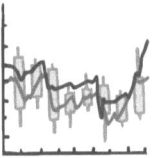

stock

akcie

work

pracovat

employee

zaměstnanec

employer

zaměstnavatel

factory

továrna

shop

obchod

occupations
povolání

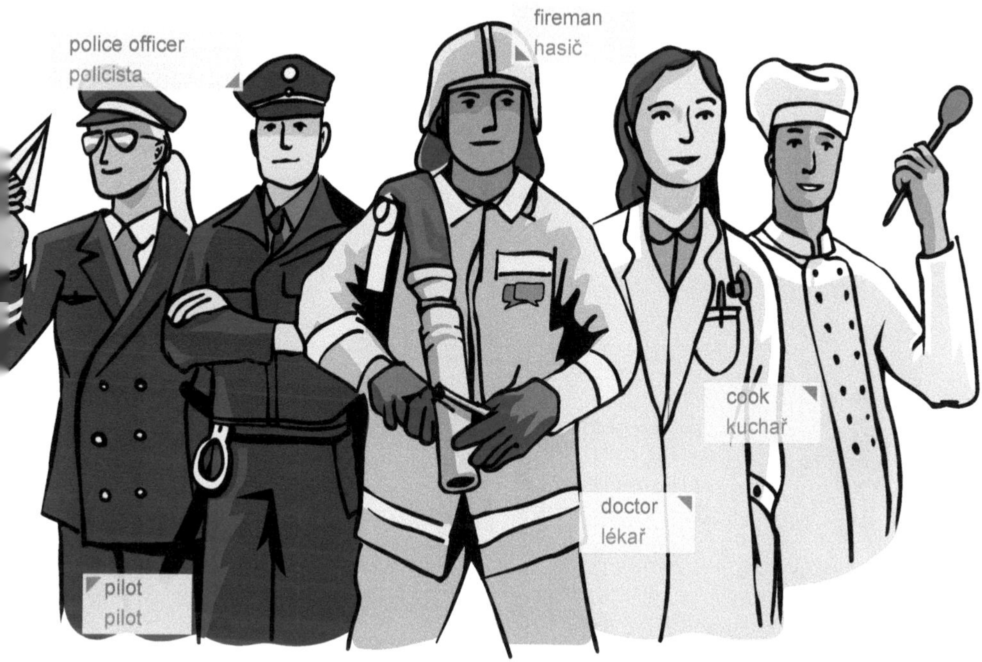

police officer
policista
fireman
hasič
cook
kuchař
doctor
lékař
pilot
pilot

gardener

zahradník

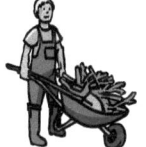

carpenter

truhlář

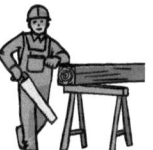

seamstress

švadlena

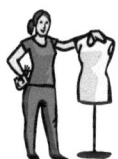

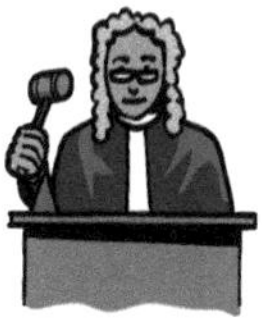

judge

soudce

chemist

chemik

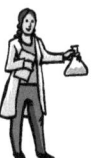

actor

herec

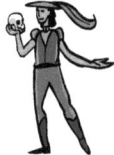

bus driver

řidič autobusu

taxi driver

řidič taxi

fisherman

rybář

cleaning lady

uklízečka

roofer

pokrývač

waiter

číšník

hunter

myslivec

painter

malíř

baker

pekař

electrician

elektrikář

builder

stavební dělník

engineer

inženýr

butcher

řezník

plumber

klempíř

postman

listonoš

soldier

voják

architect

architekt

cashier

pokladní

florist

florista

hairdresser

kadeřník

conductor

průvodčí

mechanic

mechanik

captain

kapitán

dentist

zubař

scientist

vědec

rabbi

rabín

imam

imám

monk

mnich

pastor

duchovní

tools
nářadí

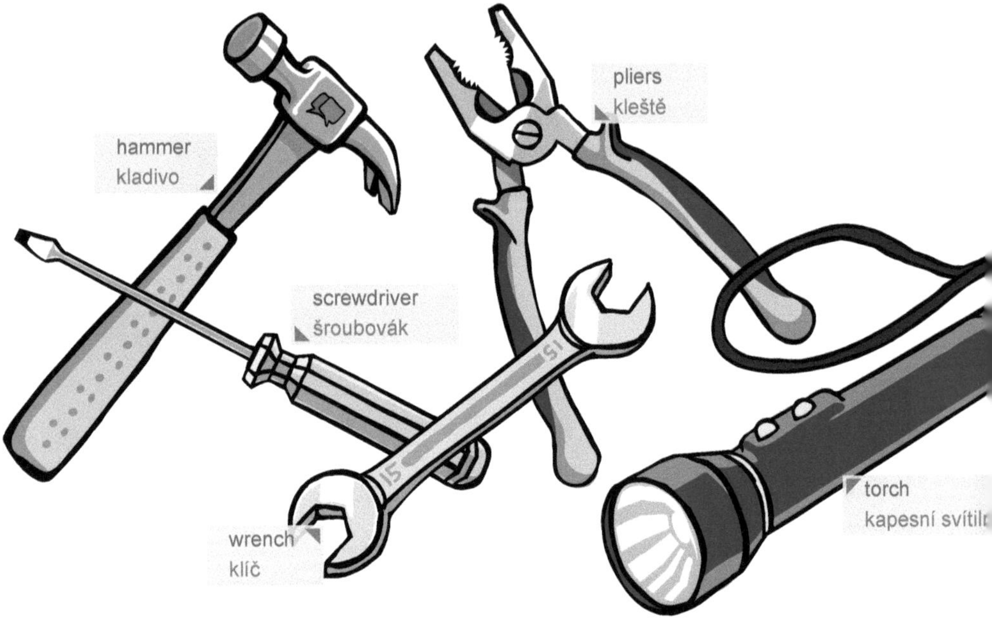
hammer
kladivo
pliers
kleště
screwdriver
šroubovák
wrench
klíč
torch
kapesní svítil

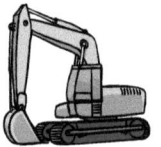

excavator

bagr

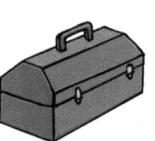

toolbox

skříň na nářadí

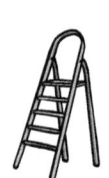

ladder

žebřík

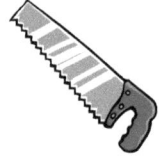

saw

pila

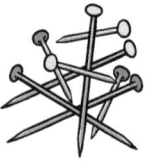

nails

hřebíky

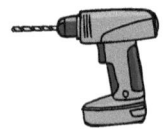

drill

vrtačka

repair
opravit

shovel
lopata

Damn!
Kurva!

dustpan
lopatka

paint can
vědroé na barvu

screws
šrouby

musical instruments
hudební nástroje

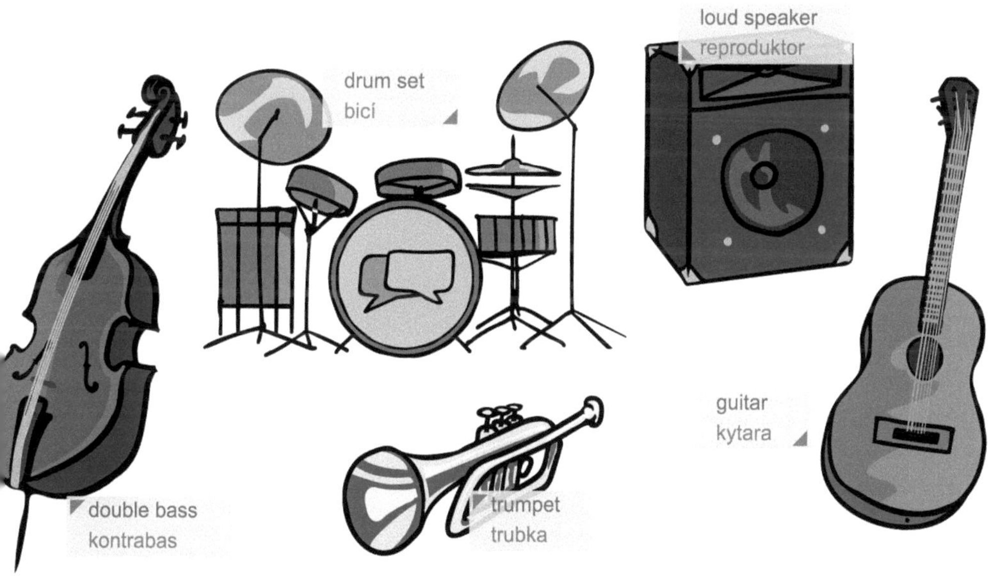

loud speaker
reproduktor

drum set
bicí

double bass
kontrabas

trumpet
trubka

guitar
kytara

piano

klavír

violin

housle

bass

basa

timpani

tympán

drums

bubny

keyboard

keyboard

saxophone

saxofon

flute

flétna

microphone

mikrofon

musical instruments - hudební nástroje

ZOO

ZOO

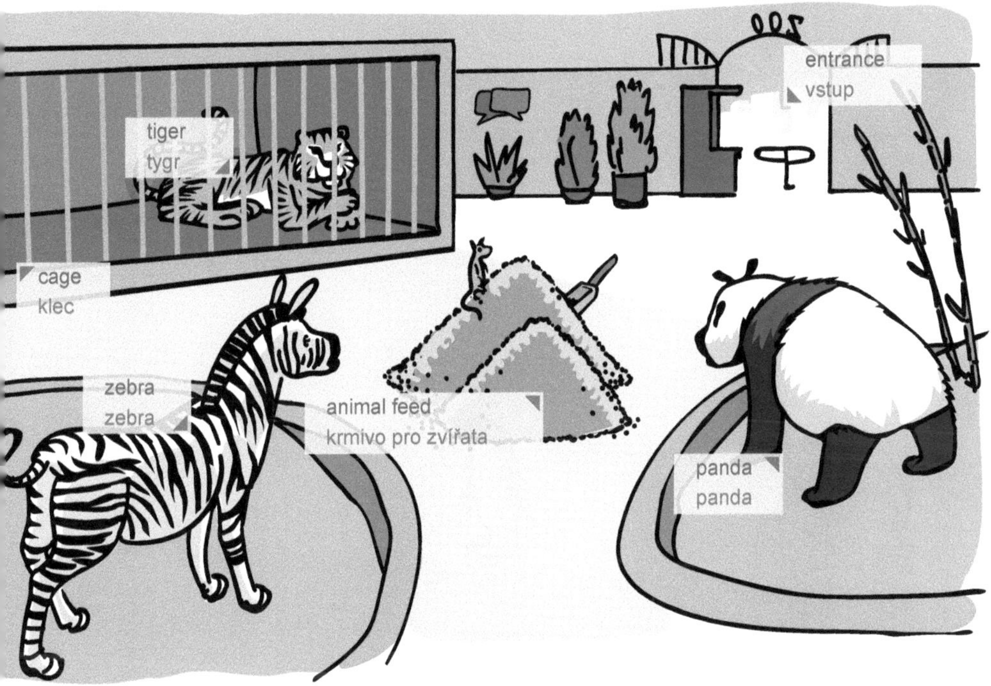
tiger
tygr
entrance
vstup
cage
klec
zebra
zebra
animal feed
krmivo pro zvířata
panda
panda

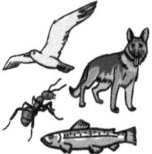

animals

zvířata

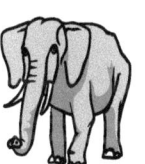

elephant

slon

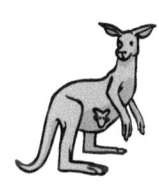

kangaroo

klokan

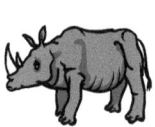

rhino

nosorožec

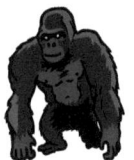

gorilla

gorila

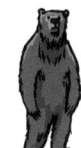

bear

medvěd

camel

velbloud

ostrich

pštros

lion

lev

monkey

opice

flamingo

plameňák

parrot

papoušek

polar bear

lední medvěd

penguin

tučňák

shark

žralok

peacock

páv

snake

had

crocodile

krokodýl

zookeeper

ošetřovatel zvířat

seal

tuleň

jaguar

jaguár

pony
poník

leopard
leopard

hippo
hroch

giraffe
žirafa

eagle
orel

boar
divoké prase

fish
ryby

turtle
želva

walrus
mrož

fox
liška

gazelle
gazela

American football
americký fotbal

cycling
cyklistika

tennis
tenis

basketball
košíková

swimming
plavání

boxing
box

ice hockey
lední hokej

soccer	badminton	athletics
kopaná	badminton	lehká atletika
handball	skiing	polo
házená	běh na lyžích	vodní pólo

jump
skočit

hug
objímat

laugh
smát se

walk
jít

sing
zpívat

dream
snít

pray
modlit se

kiss
políbit

write
psát

draw
kreslit

show
ukazovat

push
tlačit

give
dát

take
vzít si

have

mít

do

dělat

be

být

stand

stát

run

běhat

pull

táhnout

throw

hodit

fall

padat

lie

ležet

wait

čekat

carry

nosit

sit

sedět

get dressed

oblékat

sleep

spát

wake up

vzbudit se

look at

prohlédnout si

cry

plakat

stroke

pohladit

comb

česat

talk

hovořit

understand

rozumět

ask

ptát se

listen

slyšet

drink

pít

eat

jíst

tidy up

uklidit

love

milovat

cook

vařit

drive

jet

fly

letět

activities - aktivity

sail

plachtit

calculate

počítat

read

číst

learn

učit se

work

pracovat

marry

vzít si

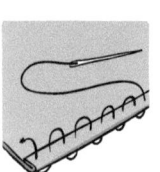

sew

šít

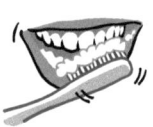

brush teeth

čistit si zuby

kill

zabít

smoke

kouřit

send

poslat

family
rodina

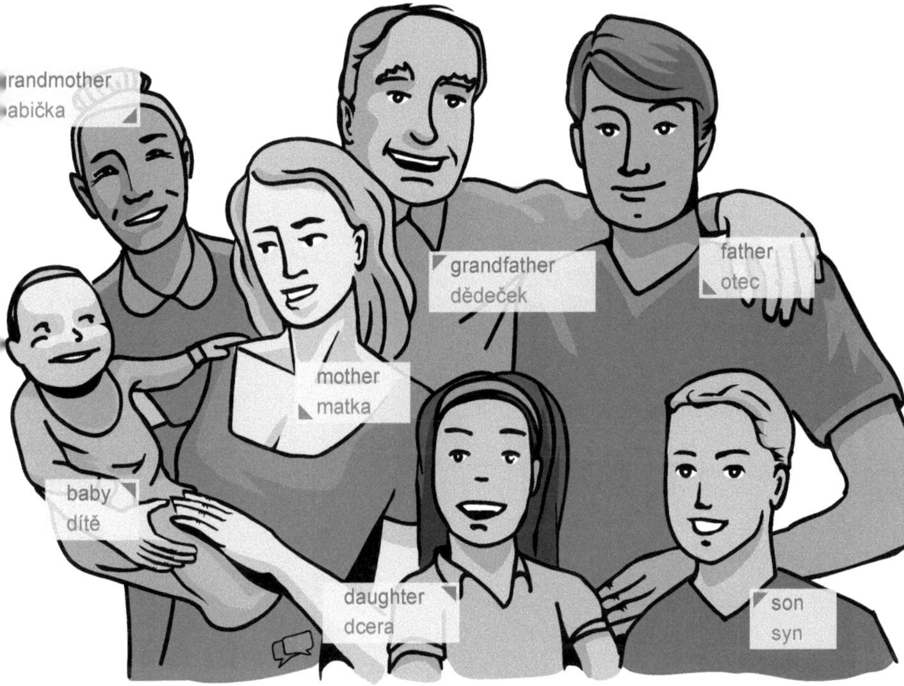
randmother
abička
grandfather
dědeček
father
otec
mother
matka
baby
dítě
daughter
dcera
son
syn

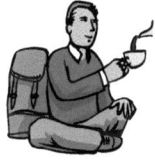

guest

host

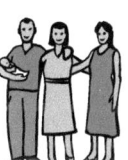

aunt

teta

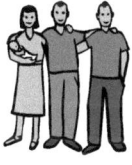

uncle

strýc

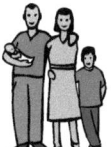

brother

bratr

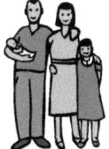

sister

sestra

body

tělo

forehead
čelo
eye
oko
shoulder
rameno
finger
prst
face
obličej
chin
brada
hand
ruka
leg
dolní končetina
breast
hruď
arm
paže

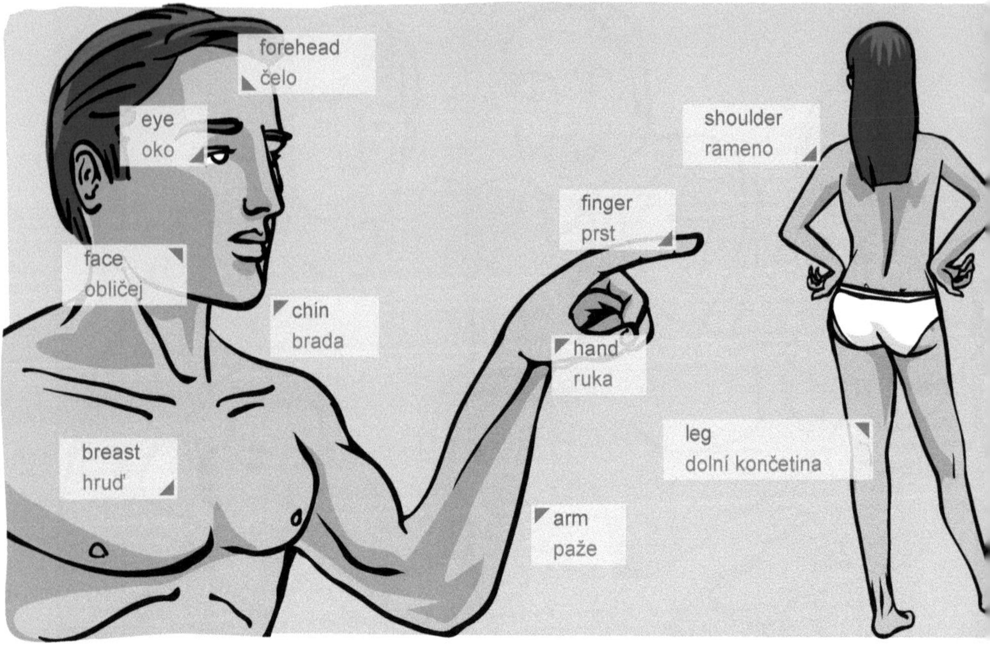

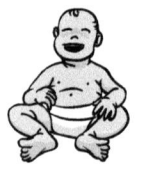

baby

dítě

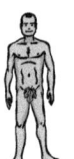

man

muž

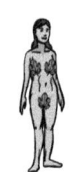

woman

žena

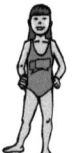

girl

dívka

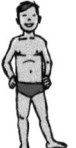

boy

chlapec

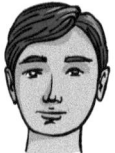

head

hlava

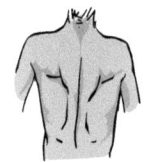

back
záda

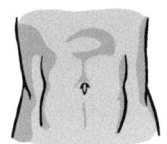

belly
břicho

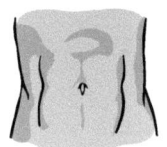

navel
pupík

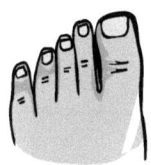

toe
prst na noze

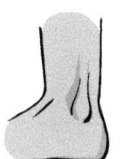

heel
pata

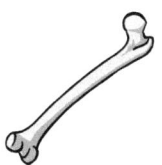

bone
kost

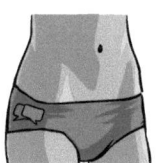

hip
bok

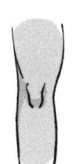

knee
koleno

elbow
loket

nose
nos

buttocks
zadek

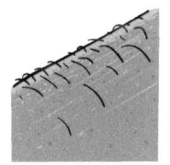

skin
kůže

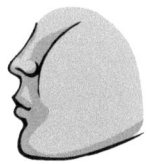

cheek
tvář

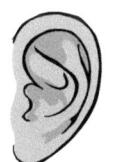

ear
ucho

lip
ret

body - tělo

mouth

ústa

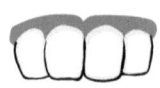

tooth

zub

tongue

jazyk

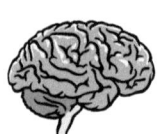

brain

mozek

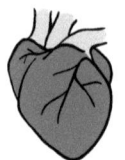

heart

srdce

muscle

sval

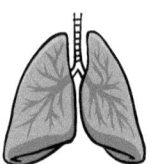

lung

plíce

liver

játra

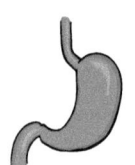

stomach

žaludek

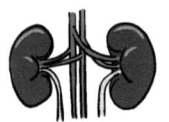

kidneys

ledviny

sex

pohlavní styk

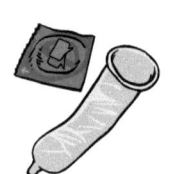

condom

kondom

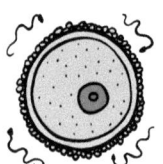

ovum

vajíčko

semen

sperma

pregnancy

těhotenství

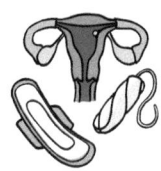

menstruation

menstruace

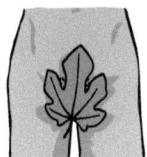

vagina

vagina

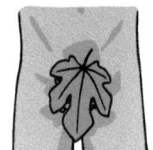

penis

penis

eyebrow

obočí

hair

vlasy

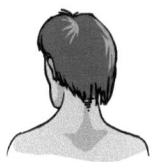

neck

krk

hospital
nemocnice

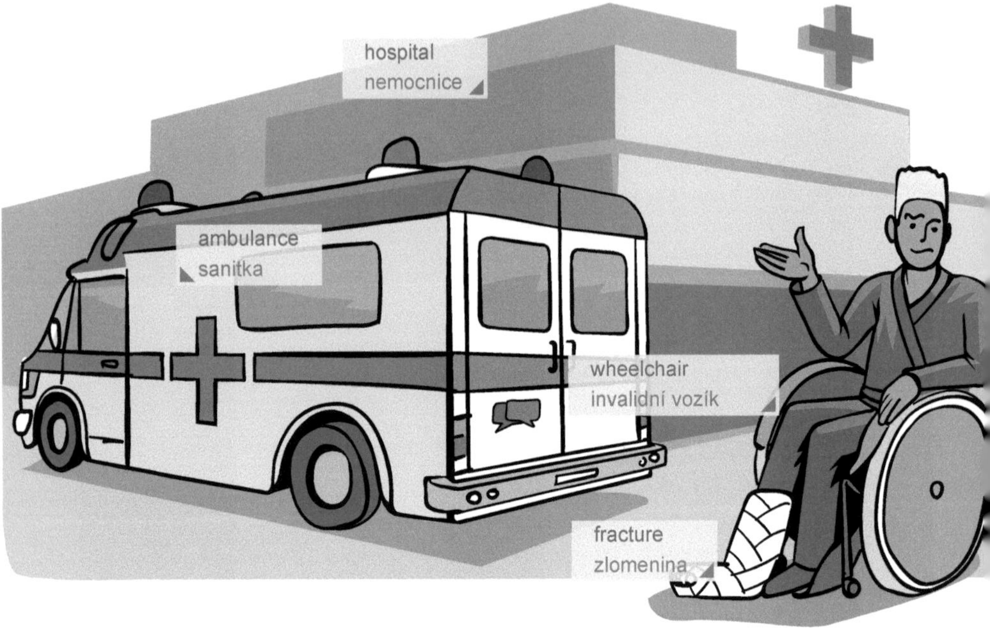

hospital
nemocnice
ambulance
sanitka
wheelchair
invalidní vozík
fracture
zlomenina

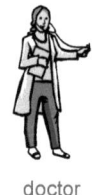

doctor

lékař

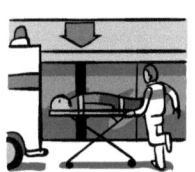

emergency room

pohotovost

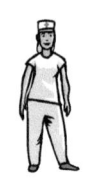

nurse

zdravotní sestra

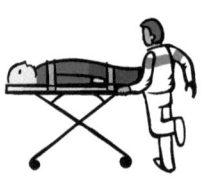

emergency

urgentní případ

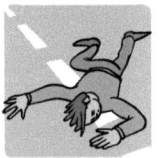

unconscious

v bezvědomí

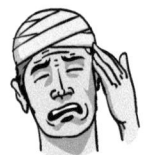

pain

bolest

injury

úraz

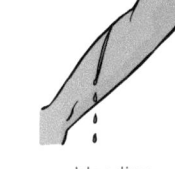

bleeding

krvácení

heart attack

infarkt myokardu

stroke

évní mozková příhoda

allergy

alergie

cough

kašel

fever

horečka

flu

chřipka

diarrhea

průjem

headache

bolest hlavy

cancer

rakovina

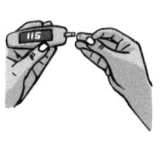

diabetes

cukrovka

surgeon

chirurg

scalpel

skalpel

operation

operace

CT

CT

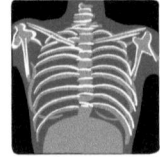

x-ray

rentgen

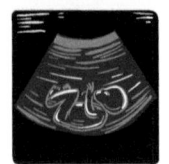

ultrasound

ultrazvuk

face mask

maska

disease

nemoc

waiting room

čekárna

crutch

berle

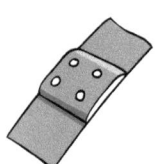

plaster

náplast

bandage

obvaz

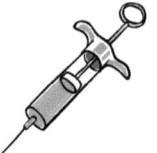

injection

injekce

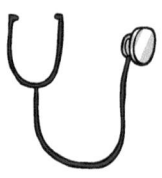

stethoscope

stetoskop

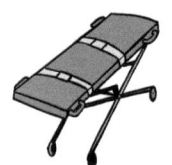

stretcher

nosítka

clinical thermometer

teploměr

birth

porod

overweight

nadváha

hearing aid

naslouchátko

disinfectant

dezinfekční prostředek

infection

infekce

virus

virus

HIV / AIDS

HIV / AIDS

medicine

lékařství

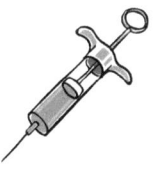

vaccination

očkování

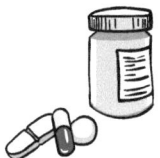

tablets

tablety

pill

pilulka

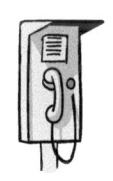

emergency call

tísňové volání

blood pressure monitor

tonometr

ill / healthy

nemocný / zdravý

Help!
....
Pomoc!

alarm
....
poplach

assault
....
přepadení

attack
....
napadení

danger
....
nebezpečí

emergency exit
....
nouzový východ

Fire!
....
Hoří!

fire extinguisher
....
hasicí přístroj

accident
....
nehoda

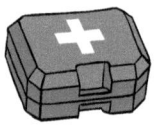

first-aid kit
....
zdravotnická brašna

SOS
....
SOS

police
....
policie

Europe

Evropa

North America

Severní Amerika

South America

Jižní Amerika

Africa

Afrika

Asia

Asie

Australia

Austrálie

Atlantic

Atlantik

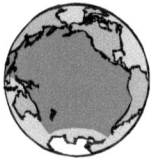

Pacific

Pacifik

Indian Ocean

Indický oceán

Antarctic Ocean

Jižní ledový oceán

Arctic Ocean

Severní ledový oceán

North pole

severní pól

South pole

jižní pól

Antarctica

Antarktida

earth

země

land

pevnina

sea

moře

island

ostrov

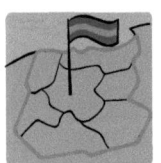

nation

národ

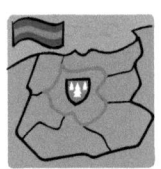

state

stát

clock face

ciferník

hour hand

hodinová ručička

minute hand

minutová ručička

second hand

vteřinová ručička

What time is it?

Kolik je hodin?

day

den

time

čas

now

teď

digital watch

digitální hodinky

minute

minuta

hour

hodina

week

týden

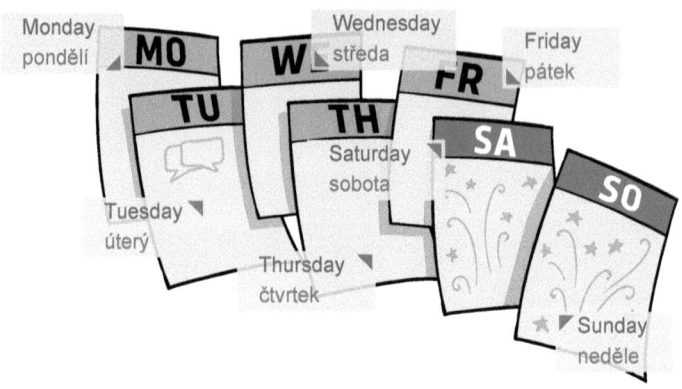

Monday / pondělí
Tuesday / úterý
Wednesday / středa
Thursday / čtvrtek
Friday / pátek
Saturday / sobota
Sunday / neděle

yesterday

včera

today

dnes

tomorrow

zítra

morning

ráno

noon

poledne

evening

večer

workdays

pracovní dny

weekend

víkend

year
rok

rain
déšť
spring
jaro
summer
léto
wind
vítr
fall
podzim
snow
sníh
winter
zima

4.APRIL 11°
5.APRIL 4°
6.APRIL 13°
7.APRIL 8°
8.APRIL 10°

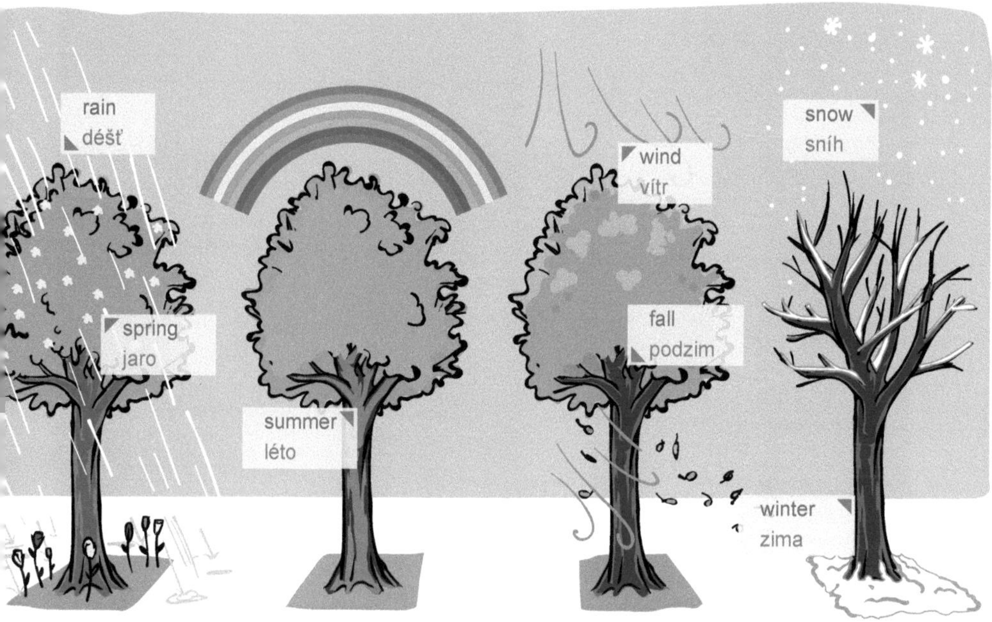

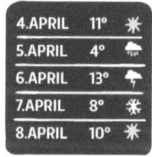

weather forecast

předpověď počasí

F
C
120
90
60
30
0
-30
40
30
20
10
0
-10
-20

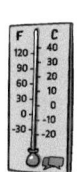

thermometer

teploměr

sunshine

sluneční svit

cloud

mrak

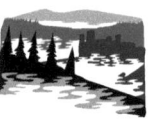

fog

mlha

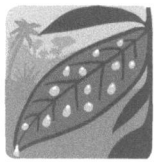

humidity

vlhkost

lightning

blesk

thunder

hrom

storm

bouřka

hail

kroupy

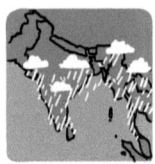

monsoon

monzun

flood

povodeň

ice

led

January

leden

February

únor

March

březen

April

duben

May

květen

June

červen

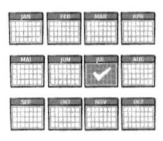

July

červenec

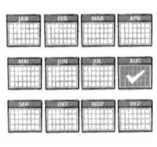

August

srpen

year - rok

September
....
září

October
....
říjen

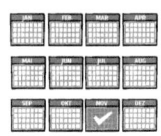

November
....
listopad

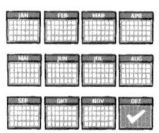

December
....
prosinec

shapes

tvary

circle
....
kruh

square
....
čtverec

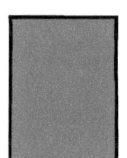

rectangle
....
obdélník

triangle
....
trojúhelník

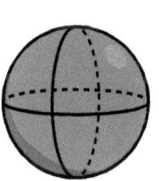

sphere
....
koule

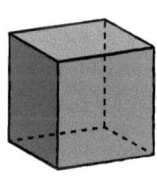

cube
....
krychle

colors

barvy

white
....
bílá

yellow
....
žlutá

orange
....
oranžová

pink
....
růžová

red
....
červená

purple
....
fialová

blue
....
modrá

green
....
zelená

brown
....
hnědá

gray
....
šedá

black
....
černá

a lot / a little

hodně / málo

angry / calm

rozzuřený / mírumilovný

beautiful / ugly

krásný / ošklivý

beginning / end

začátek / konec

big / small

velký / malý

bright / dark

světlý / tmavý

brother / sister

bratr / sestra

clean / dirty

čistý / špinavý

complete / incomplete

úplný / neúplný

day / night

den / noc

dead / alive

mrtvý / živý

wide / narrow

široký / úzký

edible / inedible

jedlý / nejedlý

evil / kind

zlý / hodný

excited / bored

vzrušený / znuděný

fat / thin

tlustý / hubený

first / last

nejdříve / naposledy

friend / enemy

přítel / nepřítel

full / empty

plný / prázdný

hard / soft

tvrdý / měkký

heavy / light

těžký / lehký

hunger / thirst

hlad / žízeň

ill / healthy

nemocný / zdravý

illegal / legal

ilegální / legální

intelligent / stupid

inteligentní / hloupý

left / right

vlevo / vpravo

near / far

blízko / daleko

new / used

nový / použitý

nothing / something

nic / něco

old / young

starý / mladý

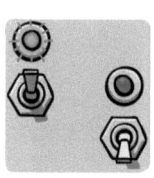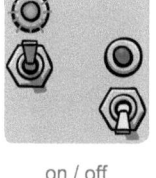

on / off

zapnutý / vypnutý

open / closed

otevřeno / zavřeno

quiet / loud

tichý / hlasitý

rich / poor

bohatý / chudý

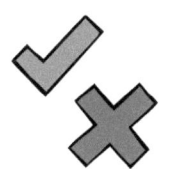

right / wrong

správný / špatný

rough / smooth

drsný / hladký

sad / happy

smutný / šťastný

short / long

krátký / dlouhý

slow / fast

pomalý / rychlý

wet / dry

vlhký / suchý

warm / cool

teplý / chladný

war / peace

válka / mír

0

zero

nula

1

one

jedna

2

two

dva

3

three

tři

4

four

čtyři

5

five

pět

6

six

šest

7

seven

sedm

8

eight

osm

9

nine

devět

10

ten

deset

11

eleven

jedenáct

12

twelve

dvanáct

13

thirteen

třináct

14

fourteen

čtrnáct

15

fifteen

patnáct

16

sixteen

šestnáct

17

seventeen

sedmnáct

18

eighteen

osmnáct

19

nineteen

devatenáct

20

twenty

dvacet

100

hundred

sto

1.000

thousand

tisíc

1.000.000

million

milion

numbers - čísla

English
anglictina

American English
americká anglictina

Chinese Mandarin
standardní cínstina

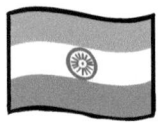

Hindi
hindstina

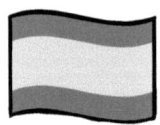

Spanish
spanelstina

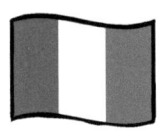

French
francouzstina

Arabic
arabstina

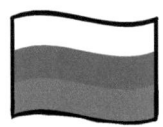

Russian
rustina

Portuguese
portugalstina

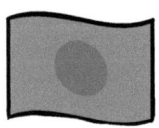

Bengali
bengálstina

German
nemcina

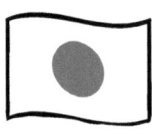

Japanese
japonstina

I
já

you
ty

he / she / it
on / ona / ono

we
my

you
vy

they
oni

who?
Kdo?

what?
Co?

how?
Jak?

where?
Kde?

when?
Kdy?

name
jméno

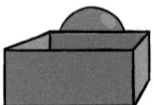

behind

za

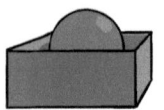

in

do

in front of

z

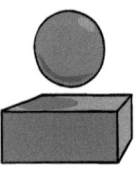

over

nad

on

na

under

mezi

beside

vedle

between

mezi

place

místo